FISU

SPIRITS

Dir gewidmet
zur geistigen und
seelischen Erfrischung

Impressum

Zur Vereinfachung der Lektüre sind alle Personenformen maskulin geschrieben. Danke für Dein Verständnis.

Neuausgabe 2010

Gedruckt auf 90 gm2 - Qualitätspapier, weiss, säure,- holz,- und chlorfrei, sowie alterungsbeständig.
Alle Rechte vorbehalten, gedruckt in Deutschland

© 2009 Rudolph Zbinden alias FISU, Schweiz
© Edition Fismaël

Konzeption, Texte und Graphikdesign:
Rudolph Zbinden alias FISU
by ART & DECO GmbH
Graphik & Werbung
CH-1719 Zumholz FR
www.artdeco-werbung.ch

Illustrationen:
MiBé
CH-1682 Dompierre VD
contact@mibedessin.com

Support Datenvorbereitung und Upload
Manuela Lötscher
CH-1719 Zumholz FR

Herstellung und Verlag:
Books on Demand GmbH, Norderstedt
ISBN 978-3-8370-5121-6

Vorwort des Autors

Lieber Leser,

Ich bedanke mich ganz herzlich bei Dir, dass Du Dich zum Kauf dieses Buches entschieden hast und wünsche Dir bei der Lektüre Unterhaltung und Inspiration.
Dieses Buch widme ich Dir persönlich und ich empfehle Dir, die untenstehenden Info's sorgfältig zu lesen, bevor Du Dich mit den **99 Spirits** vertraut machst.

Was sind die **99 Spirits** *und was bewirken Sie?*
Sie sind eine lockere Ansammlung von Gedanken und Kurzgeschichten. Den Grundstein dazu bilden unzählige Beobachtungen über den Menschen und sein Verhalten, aber auch über Abläufe in der Natur und der Schöpfung. Die Inhalte der Spirits sind vielfältig und ohne Prioritäten lose ausgewählt. Die Formulierungen sind witzig oder ernst, unterhaltsam oder pointiert, aber niemals belehrend oder schulmeisterlich. Du kannst Dir Dein eigenes Bild kreieren. Es sind eben Spirits oder zu gut Deutsch Inspirationen, die Dir wie Akkupunkturnadeln feine Impulse vermitteln.

Wann ist beim Lesen der **99 Spirits** *Vorsicht geboten?*
Alle **99 Spirits** können bedenkenlos gelesen und problemlos verdaut werden. Es bedarf keiner besonderen Lesekenntnisse oder IQ-Werte.

Dürfen die **99 Spirits** *von Schwangeren und Kindern gelesen werden?*
Schwangere und Kinder vertragen die Spirits ausgezeichnet. Gerade Schwangere sollen bei der Lektüre eines Spirits oftmals positive Reize an ihr Ungeborenes aussenden.

Welche Dosierung gilt für die **99 Spirits**?
Pro Tag solltest Du nicht mehr als **1 Spirit** lesen, um die volle Wirkkraft zu erfahren. Bei starkem Bedarf sind 2 Spirits während kurzer Zeit zulässig. Beim einmaligen Lesen aller **99 Spirits** besteht die Gefahr einer mehrtägigen geistigen Unverdauung, sowie eventuellen Schlafstörungen.

*Welche Nebenwirkungen können die **99 Spirits** haben?*
Folgende Nebenwirkungen können beim Lesen der **99 Spirits** auftreten:
Schmunzeln, Kopfschütteln, unkontrollierte Ausrufe, Stirnrunzeln, Kopfnicken, Buch in die Ecke schmeissen, Lach- oder Wutanfall, Gähnen, Verzückung. Andere sind bis jetzt nicht bekannt.

Was ist ferner zu beachten?
Die **99 Spirits** sind ein Mix aus Ernsthaftigkeit und Humor und dienen der Unterhaltung und Anregung. Bei einigen Spirits bilden Sprachwendungen aus dem Volksmund die Basis. Diese werden dann mit eigenem Text verknüpft und „weitergesponnen."
z.B. Spirit Nr. 9: „Viele Wege führen nach Rom..."

*Wie entfalten die **99 Spirits** ihre volle Wirkkraft?*
Lies den **Spirit** einmal laut und langsam. Warte ca. 10-15 Sekunden. Lies den **Spirit** ein zweites Mal laut und langsam. Nun lasse Deine Gedanken ins Endlose schweifen ohne an etwas Konkretes zu denken. Flutsche einfach so ins Nichts hinein.
Nach einiger Zeit, je nach Lust und Laune, liest Du den **Spirit** ein drittes Mal laut und langsam. Lege nun das Buch beiseite und widme Dich einer anderen Tätigkeit. Der Spirit wirkt jetzt sanft auf Dein Unterbewusstsein. Lass es einfach geschehen und kümmere Dich nicht darum.
Die beste Wirkung erzielst Du vor dem Einschlafen.
Alors bonne nuit!

Ich wünsche Dir nun viel Spass, aber auch eine Portion Nachdenklichkeit beim Lesen meiner **99 Spirits.**

Rudolph Zbinden alias FISU

Mädchen für alles

Dein Platz auf Erden ist wie eine Theaterbühne.
Du bist Regisseur,
Schauspieler,
Bühnentechniker
und Souffleur in Einem.

So viel künstlerische Freiheit ist wahrlich
beneidenswert.

Das Paradox

Der Mensch ist doch ein seltsames Wesen.

Einerseits
hat er
eine technisch
unglaubliche
Entwicklung
hinter sich,

andererseits hat er ein Aggressionsverhalten,
das nicht über das Höhlenzeitalter
hinausgekommen ist.

Die Aussaat

Jede Frucht braucht ihren besonderen
Nährboden.

Wenn Liebe
und Respekt
der Dünger sind,
entsteht kein Unkraut wie die Bosheit.

Edelsteine

Neben Kinderaugen,
die voller Glückseligkeit leuchten,
wirkt ein Diamant
wie eine Glasscherbe.

Stillstand

An
dem
Tag,
an dem der Weise denkt, nun bin ich weise,
ist
er
schon
wieder an seinem Anfang angelangt.

Die Unfähigkeit

Intelligenzteste sind eine Erfindung von
Menschen,
die
selber
nicht intelligent genug sind,
die wahre Intelligenz eines Mitmenschen
zu
erkennen.

Schabernack

Eine Handvoll Engel wollte den Menschen einen Streich spielen und für einen Tag lang die Liebe verstecken.

Sie fragten den Meister der Weisheit:
„Wo sollen wir die Liebe verstecken, dass die Menschen sie nicht finden?"

Darauf antwortete der Meister:
„Versteckt sie in ihren Herzen,
dort suchen sie zuletzt."

Der Morgengruss

Glutrot steigt die Sonne frühmorgens am
Horizont
auf und
begrüsst Dich
zum neuen Tag.

Grüsse kurz zurück und sie schenkt Dir all ihre
Wärme
und Kraft,
die Dich
geschmeidig und dynamisch machen.

Bereit für einen grossartigen Tag!

Auf Reisen

Viele Wege führen nach Rom,
aber nur
einer
in
Dein Inneres.

Vertraue dabei Deiner Intuition.
Sie führt
Dich
mit
sicherem
Schritt und Tritt.

Prosit

Es sprudelt,
sprudelt
und
sprudelt.
Was denn?

Das Leben!

Das Traumpaar

Der Mann ist Mann und ein wenig
Frau.
Die Frau ist Frau und ein wenig
Mann.
Er hat seine
Stärken.
Sie hat ihre
Stärken.

Gemeinsam besitzen sie alle.

Weitsichtigkeit

Erfolg, Glück und Nachhaltigkeit
sind das
Ergebnis
von ganzheitlichem
Denken, Fühlen und Handeln.

Visionen verlangen Taten

Alle träumen
von der grossen
Freiheit des
Lebens.

Aber sind auch alle bereit,
die Konsequenzen für ihr
Denken, Handeln und Fühlen zu übernehmen?

Das Datum

Zum
Glück
können
wir
unseren
Todestag
nicht
selber
auswählen.
Denn bei schönem Wetter möchte
ja niemand sterben.

Weniger ist mehr

Guter Sex ist, wenn man glücklich in der
Erinnerung schwelgt.
Schlechter Sex ist, wenn man gleich
wieder ans nächste Ma(h)l denkt.

Eine Hand wäscht die andere

Die Schöpfung ist wie ein riesiger
Tauschwarenladen an Ideen.
Stell etwas hin
und nimm etwas mit.

Es kostet niemanden etwas.

Der eigene Blickwinkel

Statistiken und Umfragen vermitteln oft ein
zwielichtiges Bild vom menschlichen Verhalten.
Wenn man den Liebesumfragen glaubt,
sind die Meisten mehr am Bumsen
als am Arbeiten.

Sieht man sich Befragungen zum Konsum
von Süssigkeiten an, würde man meinen,
die meisten unter uns hätten noch nie
etwas von Zucker gehört.

Mit Leichtigkeit

Alles
ist
in Schwingung,
in
uns,
um
uns.

Schaukle mit,
dann
geschieht
alles
von
selbst.

Die Ausdehnung

Bevor wir nach dem Mond einen weiteren
Himmelskörper besuchen wollen,
sollten wir
endlich
hier
auf Erden
für Ordnung sorgen.

Der Regenbogen

Tränen in
Deinen
Augen sagen mir, dass Dein Gesicht
schon bald
mit
Lachen
erfüllt sein
wird.

Die Finger verbrennen

Ein Schüler meinte zum Meister der Weisheit:
„Ich möchte so gerne weise werden, aber in
der Schule gibt es kein Fach dafür."

Darauf antwortete der Meister zuversichtlich:
„Weise wirst Du aus Erfahrung. Manchmal
ist sie so heftig, dass sie grausam weh tut."

Das Mass

Die Liebe
ist die
Essenz unsres Lebens.
Gehe haushälterisch
mit ihr
um.

Gib nicht zu viel, aber auch nicht zu wenig.

Gut Ding braucht Zeit

Die Emanzipation der Frau inspiriert
sowohl Frauen als auch Männer
zu Veränderungen.
Aber sie zeigt uns auch, dass wir die Evolution
nicht
innerhalb
einiger
Jahrzehnte
auf
den Kopf
stellen
können.

Der Passepartout

Das Rauschen des Wassers vom Bach erleichtert
Dir den Zugang zu Deinem Innern.
Setz' Dich hin,
schliesse die Augen
und tauche ein
in dieses Wasserlauschen.

Eine Reise beginnt...

Der goldene Käfig

Die moderne Physik hat unlängst erkannt,
dass es im Universum keinen Raum gibt.

Alles ist   offen..

         und   endlos...

Aber was nützt und das,
wenn wir alle auf der Erde gefangen sind?

Der Schatz

Kreativität
kannst
Du
nicht
lernen.
Sie steckt bereits in Dir.

Kindsmissbrauch

Wenn unser Bildungswahn so weitergeht,
werden nächstens schon Neugeborene
eingeschult, damit sie mit 15 ihren Doktor
machen können.
Aber wie sollen solche überstudierten Hirne
jemals erwachsen werden,
wenn sie ihrer Kindheit beraubt wurden?

Gutes braucht Zeit

Alles was
gut werden will,
muss sich entwickeln.
Wie
eine frische
Tomatensauce,
die
einige
Stunden köchelt.

Dracula lebt in Saus & Braus

Sei achtsam mit Deiner Grosszügigkeit!
Vampire lauern oftmals im engen
Bekanntenkreis.
Subtil saugen sie an Deinen Ressourcen
und lassen Dich fallen wie eine heisse
Kartoffel,
wenn sie anderswo einen besseren Wirt
erspähen.

Willkommen bei mir

Weisheit kannst
Du nicht
kaufen.
Öffne Deinen Geist und Deine Seele
und sie wird bei Dir
heimisch.

Die Überforderung

Alle grossen Religionen des Westens haben
einen Chef im Himmel.
Wenn wir weiterhin alles Mögliche
und Unmögliche von ihm erhoffen,
hat der gute Kerl nächstens ein Burnout.

Das Timing

Jeder
ist
seines Glückes Schmied.
Schmiede
das Eisen
wenn
es
noch
heiss ist.
Dann lässt es sich wunderbar formen.

Krankheit

Nichts ist mehr wie früher. Das Leben bricht
in
sich
wie
ein
Kartenhaus.
Der Leidensweg ist beschwerlich.
Hoffnung erblickt den Horizont.
Kräfte werden mobilisiert und es geschieht
etwas Wunderbares:

„Die Heilung."

Danke
dir
oh Leben!

Respekt wirkt

Gleichwertigkeit
bedeutet,
alles Lebendige
auf

g l e i c h e r   A u g e n h ö h e

zu
betrachten.

Ein guter Freund

Kinder zu erziehen,
heisst
nicht
sie
zu
führen,
sondern sie auf ihrem Weg zu begleiten.

Ewige Freunde

Einsamkeit zu ertragen ist ganz einfach.

Akzeptiere
Dich
selber
als
Deinen besten Freund
und
Du
bist
immer
in
Gesellschaft.

Der Laufsteg

Die Natur ist die grösste Modedesignerin.
Sie überrascht uns jeden Tag in einem neuen
Kleid.

Seit Milliarden von Jahren.

Standhaftigkeit

Keine Liebe ist stärker als die Liebe der Mutter
zum Kind.
Sie liebt ihr Kind sogar dann, wenn es zum
Mörder wird.
Eine bedingungslose Liebe,
die niemand zu trennen vermag,

nicht die Mutter,
nicht das Kind,
nicht sonst jemand.

Danke Mutter, dass Du mich ewig liebst.

Zeitverschwendung

Experten sind die Wahrsager der Moderne.
Wie schon
ihre Kollegen
in grauen Urzeiten
spekulieren sie über zukünftige Ereignisse
und übersehen
dabei,
dass die
Weichen der Zukunft
im Hier und Jetzt gestellt werden.

Verankert

Wenn
ich
mit
der
Erde
fest
verbunden
bin,
können
meine
Träume
zum
Himmel
steigen
und
Purzelbäume
schlagen.

Schritt für Schritt

Ein Ziel erreicht sich leichter,

wenn genügend Pausen gemacht werden.

Heuchelei

Gerade Leute mit einem sogenannten
Heiligenschein
um
den
Kopf,
zeigen oftmals ein sündhaftes Benehmen.

Hätten
sie
ihn
um ihr Herz gewunden,
wäre auch ihre Art herzensgut.

Der perfekte Augenblick

Nach dem grossen Regen ist die Natur
wie gewaschen.

Die Berge sind zum Greifen nah,
das satte Grün der Wiesen erklimmt die Gipfel,
das Blau des Himmels kann nicht klarer sein
und die Bäume wiegen sich wie
Federn leicht im Abendwind.

Das ist Naturzauber in Vollendung.

Verhältnisblödsinn

Jeden Tag sterben 15'000 Kinder an Hunger,
aber unsere Medien beklagen sich
wie jaulende Hunde,
weil nach dem
Nationalfeiertag
die Feinstoffbelastung
der Luft
wegen der Feuerwerke über die Norm stieg.

Nur einen Tag lang.

Weisheit kennt kein Alter

Die Steine sind das älteste Volk auf Erden.
Wie wir Menschen gleicht keiner dem andern.
Je nachdem sind sie
eckig oder rund,
warm oder kalt,
brüchig oder hart
und manche riechen sogar.
Eines aber haben sie alle gemeinsam.

„Ihre Bodenständigkeit"

Eine Tugend, die Millionen von Jahren überlebt.

Ohne Horizont

Wenn Dir ein Adler eine Feder schenkt,
bewahre sie wie einen Schatz.

Denn sie ist das Symbol von gelebter Freiheit...

Verrückt, aber wahr

Der Schiffbrüchige dachte:
„Um Himmelswillen,
um mich herum nichts als Meer!"

Doch er war
sich selber
noch nie so nah, wie in diesem Moment.

Der Gastwirt

Der Gast
ist König,
solange er sich wie ein König benimmt.
Wenn nicht,
stell ihn
vor die Tür.
Er wird sich schnell eines Besseren besinnen.

Die Schlauheit

Intelligent ist der,
der seinen gesunden Menschenverstand
zu gebrauchen weiss,
und nicht jener,
der nur Wissen anhäuft,
um wissend zu sein.

Applaus

Das Leben ist wie ein Theaterstück in vielen
Akten.

Spiele
Deine Rolle
mit
Hingabe und Courage
und
eine
Standing-Ovation ist Dir sicher.

Der Konjunktiv

Ich hätte,
ich würde,
sind Absichten,
deren Quelle die Spekulation ist
und die
in der Luft zerplatzen wie Seifenblasen.

Ich tue,
ich will,
sind Absichten,
deren Quelle die Courage ist
und deren Verwirklichung nichts im Wege steht.

Die Fülle

Um uns herum
ist nichts als Schöpfung.

In
uns
ebenso.

Minimaler Aufwand

Wasser
fliesst...   und fliesst...   und fliesst
und
sucht
sich
seinen Lauf,

nicht auf dem direkten,
aber auf dem einfachsten Weg.

Die Saloontür

Dein Bauchhirn ist die Schnittstelle

zur Aussenwelt.

Lass Dich inspirieren und gib Inspiration.

Verklemmtheit

„Kann denn Liebe Sünde sein?"
fragte der Sohn seinen Vater nach
dem Religionsunterricht.

„Wer so denkt, hat von der Schöpfung
etwa soviel begriffen,
wie Männer vom Kinder kriegen,"
antwortete sein Vater lachend.

Frei sein (Ein Gebet)

Ich habe ein natürliches Anrecht, frei zu sein.
Mein Geist ist voller Frieden und Ausgeglichen-
heit. Ich bereue nichts in der Vergangenheit, ich
fürchte nichts in der Zukunft, denn ich lebe voll
im Hier und Jetzt und mein Bauchhirn leitet und
begleitet mich nach meinen Fähigkeiten und
Wünschen.
Ich begegne jeder Situation mit Gelassenheit,
Humor, Unerschrockenheit und Vertrauen. Ich
befreie mich von allen Zwängen und in mir
herrschen Friede, Freude und Freiheit.
Selbstachtung und Courage bestimmen mein
tägliches Denken und Handeln.
So bin ich jetzt und so werde ich sein, denn
das Leben ist herrlich und es ist wunderbar,
frei zu sein.

Sie gehören zu Dir

Tagträume
und
Nachtträume
sind zwei Paar Schuhe.

Die ersten umschwärmen uns in
rosafarbenen Wolken,

die zweiten halten uns oft so zum Narren,
dass das Erwachen zur Erlösung wird.

Von nichts kommt nichts

Weisheit ist der grösste
aller Schätze.
Wer ihn besitzt,
hat
etwas
dafür getan.

Nur Mut

Jeder
ist für sich selbst verantwortlich.
Mehr
Freiheit
gibt es nicht.

In Balance

Ein Bach nimmt seinen Lauf
wie es ihm gefällt,
mal mehr am linken,
mal mehr am rechten Ufer,
und immer wieder findet er seine
Mitte.

Ruhe

An einem warmen Sommerabend
lohnt es sich, draussen in der
Natur zu sitzen und
zu lauschen.

All die
Laute dringen
ins Gehör
und doch herrscht
vollkommene Stille.

Kraftorte

In den Bergen wird

Einsamkeit
zu
Zweisamkeit,

Mut
zu
Demut

und

Erlebtes
zu
Dankbarkeit.

Verbundenheit

Heimat ist immer da, wo ich gerade bin.
Heimat
ist
in
mir.

Der Schauspieler

Wenn ein Kind Dir etwas sagt,
ist das nichts als die reine Wahrheit.
Wenn ein Erwachsener Dir etwas sagt,
ist das vielfach wahres Getue.

Die Versuchung

Tiere ernähren sich instinktiv richtig.
Nur der Mensch meint alles verzehren
zu müssen, was ihm schadet.

Buon appetito.

Das Orchester

Alle Kräfte sind in Dir.

...die Geisteskraft

...die Körperkraft

...die Liebeskraft

...die Willenskraft

...die Zauberkraft

...die Ausscheidungskraft

...die Sinneskraft

...die spirituelle Kraft

...die humoristische Kraft

...die Schaffenskraft

...die Sexualkraft

...die Phantasiekraft

...die Planungskraft

...die Traumkraft

...die Koordinationskraft

...die musische Kraft...

aber ohne einen Dirigenten, der sie vereint,
sind sie kraftlos.

Oberflächlichkeit

Viele sagen stolz:
„Wir haben ein offenes Haus."

Doch haben
sie auch
ein offenes Herz?

Das Original

Alles was ich mit Herzblut
tue
ist echt, einzigartig.
Alles was ich
tue,
nur weil es
andere tun,
ist nichts mehr als Wasser ins Meer zu tragen.

Der passende Schlüssel

Viele meinen,
schulische Intelligenz öffne ihnen alle Türen
zum Leben.

Lebenstüren
lassen sich
nur mit Lebensintelligenz öffnen.

Yin und Yang

Auf
jede
Aktion
gibt es eine Reaktion.

Also, worauf wartest Du?

Die Quelle

Probiere massvoll zu leben
und gönne Dir Momente der Ruhe
und Besinnung.
So bleibst Du immer
im Gleichgewicht
und Deine Talente und Fähigkeiten
sprudeln täglich auf's Neue.

Lächerlichkeiten

Eltern
die
meinen,
sie müssten die gleichen Dinge tun wie ihre
pubertierenden Kinder,
wirken
einfach
nur
peinlich.

Big Brother is watching you

Wenn die globale Vernetzung
so weitergeht,
können wir nicht
einmal mehr wohlig furzen,
ohne dass die halbe Welt es weiss.

Investition

Jemand,
der aufhört zu werben,
um Geld zu sparen,
kann
genausogut
seine Uhr stehen lassen,
um Zeit zu sparen.

Die Überraschung

Wenn sich plötzlich alles fügt wie von selbst,
hat Dein Bauchhirn für ein Wunder gesorgt.

Wunder
hinterfragt
man
nicht.
Sie geschehen einfach.

Bedanke Dich dafür - das genügt.

Unerwarteter Besuch

Wir möchten überall im Weltraum landen,
aber fürchten
uns höllisch,
wenn jemand bei uns landen sollte.

Power

Dein Kopfhirn,
Dein Körper und
Dein Bauchhirn
sind ein unschlagbares Trio.
Wenn sie perfekt harmonieren,
geht
bei Dir
die Post ab.

Plädoyer für's Alter

Am 40-igsten sagt sich das Geburtstagskind:
„Die erste Hälfte habe ich leider hinter mir.
Jetzt wird's nur noch schlimmer."

Am 80-igsten sagt sich das Geburtstagskind:
„Wenn ich gewusst hätte, dass die zweite
Hälfte so spannend ist, hätte ich die
erste glatt übersprungen."

Neugier

Komm lieber Wind,
bring mir all' die Neuigkeiten,
die ich hören will.
Geh lieber Wind,
aber sag' ja nichts von mir.

Der Weg ist das Ziel

Der Meister der Weisheit redete mit seinen Schülern gerne in Metaphern, um ihre Kreativität und Neugier zu wecken.

Ein Schüler fragte den Meister der Weisheit:
„Wo finde ich Erleuchtung?"
Der Meister meinte gütig:
„Wenn Du ohne Licht siehst, bist Du schon einen grossen Schritt weiter."

„Und was wäre der nächste Schritt," fragte der Schüler ungeduldig?
Dazu der Meister schmunzelnd:
„Dass Du den Lichtschalter wieder findest."

Klug werden

Es kommt nicht darauf an,
wieviel
Lebenserfahrung
ein Mensch hat,
sondern
ob und
wie er
mit ihr
seine Zukunft gestaltet.

Rücksichtslosigkeit

Der Elefant sagte zur Maus:
„Ich möchte auch einmal in ein Mauseloch
schlüpfen, um zu sehen, wie ihr da unten
wohnt."
„Lieber nicht," entgegnete ihm die Maus,
„dann müsstest Du auch die Angst ertragen,
wenn ihr Elefanten über uns hinweg trampelt."

Steh' zu Dir

Viele schieben die Verantwortung
für ihre Fehler den andern zu
und meinen, sie seien
so reingewaschen.

Das Dumme ist nur, es gibt kein
Waschmittel, das solche
Flecken wäscht.

Mikrokosmos im Makrokosmos

Alle Lebewesen
sind im festen Rythmus
der Schöpfung eingebettet.
Und doch
ermöglicht sie
jedem Individualität
und Einzigartigkeit.

Diese Vielfalt hat eine Mutter:

„Die Toleranz"

Das Einfache

Der Meister der Weisheit war bescheiden
und liebte es nicht, wenn um seine Person
zuviel Aufhebens gemacht wurde.
Einer seiner Schüler wollte wissen warum
und sagte dem Meister etwas vorwurfsvoll:

„Meister, Ihr mit Eurem Bekanntheitsgrad
solltet wie ein König ein königliches Leben
führen."

„Einen Weisen erkenntst Du nicht am protzigen
Getue, aber an seiner Güte und Grosszügigkeit
gegenüber seinen Mitmenschen",
entgegnete ihm der Meister und verkehrte
weiterhin am liebsten mit dem einfachen Volke.

Das Bürgertum

Wenn ein Mann
eine Frau verführt,
gilt er als Casanova.

Wenn eine Frau
einen Mann verführt
gilt sie als Flittchen.

Beide tun dasselbe,
aber die Moralapostel urteilen miserabel.

Kontrolle

Für jede noch so erdenkliche Tätigkeit muss
heute eine Ausbildung absolviert werden,
damit alles perfekt funktioniert und
kontrollierbar ist.

Sogar die Anschaffung eines Schosshündchens
bedarf einer gesetzlichen Hundeprüfung.
Nur frischgebackene Eltern überlässt
man kaltblütig ihrem Schicksal.

Oder hast Du jemals ein Diplom für
Kindererziehung an einer Wand hängen sehen?

Aktivität

Für jedes Problem
findet sich eine Lösung.

Wenn Du daran teilnimmst,
kannst Du Einfluss nehmen.
Überlässt Du die Ausführung
den andern,
verspielst Du Deine besten Trümpfe.

Offenheit

Alles Fremde ängstigt uns,
macht aber auch neugierig.
Das Erste ist
ein Schritt zurück,
das Zweite ist
eine Meile vorwärts.

Neue Ufer

Sich
inspirieren
lassen,
heisst Altes weglassen
und
Neues
zulassen.

Geliebtes Wort

Reden ist Silber,
Schweigen ist Gold.
Aber manchmal ist Schweigen
so schwer zu ertragen,
dass einem
die billigere Währung lieber wäre.

Gesunder Egoismus

Bevor Du Dich um andere kümmerst,
kümmere Dich um Dich selbst
und schau', dass es
Dir gut geht.
Nur wenn Du
in Balance bist, kannst
Du Dein Glück mit andern
teilen und sie tatkräftig unterstützen.

Grosszügigkeit

Leben heisst,
ein unglaubliches Geschenk
jeden Tag neu auspacken zu dürfen.

Babylon

Es gibt ein Wort auf der Erde,
das keiner Übersetzung bedarf.
Der Sänger singt zum Publikum:
„Yeah, yeah, yeah."

Alle verstehen es und doch weiss keiner,
was es bedeutet.

Die Diplomatie

Kinder sagen spontan
aus dem Bauch
heraus,
was sie denken.
Erwachsene sagen erst etwas,
wenn ihr Verstand für sie gedacht hat.

Igitt

Heute ekeln sich viele an Kleinigkeiten und Unschönheiten und zelebrieren die perfekte Sauberkeit.

Aber gemeinsam
mit hunderten
von Fremden
in einem
Bad
zu
plantschen,
bereitet ihnen keine besondere Mühe.

Zurück im Alltag

Zum Glück dauert der Zustand des
Verliebtseins
nicht ewig.
Sonst
würde
man
mit seiner
überschäumenden
Freude dem Nächsten
seine schlechte Laune verderben.

Der Schock

Eine plötzlich schwere Krankheit
ist wie eine Ohrfeige aus heiterem Himmel.

Akzeptiere sie
und Du wirst Dich
durch sie zum Guten ändern.

Die Fatamorgana

Da wo Du bist, findet das Leben statt.

Dort
wo
Du
sein
möchtest,
wird nur spekuliert und inszeniert.

Dein Spirit

Schreibe hier Deinen ganz persönlichen Spirit!

Danksagung

Die Idee, ein Buch zu schreiben, hatte ich seit einiger Zeit und es fehlte mir auch nicht an geeigneten Themen. Mit meinen 18'615 Lebenstagen habe ich ein reichhaltiges und bewegtes Leben hinter mir, mit vielen schönen und unschönen Kapiteln. Mir fehlte ganz einfach das passende Konzept, um all die Erlebnisvielfalt zu ordnen und aufzubereiten. Auch stand immer die Frage im Raum: „Interessiert das überhaupt jemand und wenn ja, in welcher Fassung bringe ich so ein Kunterbunt in eine spannende Buchform?"

Wie schon oft in meinem Leben gab ich den Auftrag an mein Bauchhirn (Intuition) weiter und siehe da: Eines Tages ist der Start meines ersten Buches geglückt. Schon als Bub war ich sehr „gwunderig" und wissensdurstig und liebte es, alles zu beobachten, was sich vor meinen Sinnen abspielte. Diese Lust begleitet mich noch heute und im Laufe der Jahrzehnte ist einiges an Erfahrungen, Beobachtungen und Wissen zusammengekommen. Mit der Zeit lernte ich auch, bewusst mein Bauchhirn zu aktivieren, um mir „Spirits" zu verschaffen und so mein Kopfhirn etwas zu entlasten. Mein Körper ist dabei wie ein Resonanzkasten und gibt mir all die Schwingungen in Form von Gefühlen und Befindlichkeiten weiter.

Also der Start zum Buch war geglückt und es sprudelte und sprudelte drei Wochen lang, bis ich den Hahnen zudrehen musste. Das Geschriebene vor mir hatte eine unerwartete Form angenommen, aber das Konzept gefiel mir auf Anhieb.

Dafür bedanke ich mich bei allen Kräften, die mich unterstützten und dies weiterhin tun werden.

Ich bedanke mich bei der Erde:
Sie führt mich mit sicherem Schritt und Tritt und bietet mir Raum zur Integration und Entfaltung.

Ich bedanke mich beim Wasser:
Es reinigt und erfrischt mich und lässt zusammen mit der Sonne alles Lebensnotwendige wachsen und gedeihen.

Ich bedanke mich bei der Luft:
Sie versorgt mich mit frischer Energie und betört meine Sinne mit feinen Düften und Aromen.

Ich bedanke mich bei der Sonne:
Sie gibt mir Wärme und Kraft und macht mich weich, geschmeidig und dynamisch.

Ich bedanke mich bei der Schöpfung:
Sie ist die Quelle meines Lebens und versorgt mich ewig mit Liebe, Inspiration und Kreativität.

Ich bedanke mich bei allen Lebewesen dieser Erde, die mich in irgendeiner Form unterstützen und mir Gutes tun.

Ich bedanke mich speziell bei Mibé - Michel Berger - für seine wunderbaren Cartoons. Die 10 Spirits zu illustrieren war eine echte Herausforderung, umso mehr, da Michel Französisch spricht und fast kein Deutsch versteht. *Vive mon collègue de la romandie!*

Ich bedanke mich bei Dir, lieber Leser, und wünsche mir, dass ich mit meinen **99 Spirits** etwas zu Deinem Glück und zu Deiner Zufriedenheit beitragen kann. Und vergiss nicht:

1 Spirit pro Tag sorgt für geistige und seelische Erfrischung!

99 SPIRITS

Und nun geniesse Dein Leben, denn es sprudelt...und sprudelt...un